MAJOR LEAGUE SPORTS

LIG ESPÒ PI GWO A

MLB

B. Keith Davidson

JEAN-PIERRE GASTON

A Crabtree Branches Book

Yon liv Branch Crabtree

Crabtree Publishing

crabtreebooks.com

School-to-Home Support for Caregivers and Teachers

This high-interest book is designed to motivate striving students with engaging topics while building fluency, vocabulary, and an interest in reading. Here are a few questions and activities to help the reader build upon his or her comprehension skills.

Before Reading:

- What do I think this book is about?
- What do I know about this topic?
- What do I want to learn about this topic?
- Why am I reading this book?

During Reading:

- I wonder why...
- I'm curious to know...
- How is this like something I already know?
- What have I learned so far?

After Reading:

- What was the author trying to teach me?
- What are some details?
- How did the photographs and captions help me understand more?
- Read the book again and look for the vocabulary words.
- What questions do I still have?

Extension Activities:

- What was your favorite part of the book? Write a paragraph on it.
- Draw a picture of your favorite thing you learned from the book.

Sipò Lekòl-a-Lakay pou Moun kap bay swen ak Pwofesè yo

Liv ki enterese anpil kon sa fèt pou motive elèv ki fè efò yo ak sijè enteresan pandan yo ap devlope fasilite, vokabilè, ak yon enterè nan lekti. Men kèk kesyon ak aktivite pou ede lektè a devlope ladrès konpreyansyon li.

Avan Ou Li:

- De kisa mwen panse liv sa ap pale?
- Kisa mwen konnen sou sijè sa?
- Kisa mwen ta vle konnen sou sijè sa?
- Poukisa map li liv sa?

Pandan Wap Li:

- Mwen mande poukisa...
- Mwen ta renmen konnen...
- Kijan sa sanble yon bagay ke mwen konnen deja?
- Kisa mwen aprann jiskapresan?

Lèw Fenn Li:

- Kisa otè a tap eseye aprann mwen?
- Wap ka banm kèk detay?
- Kijan foto yo ak tit yo te ede mwen konprann pi byen?
- Li liv la ankò e chèche mo vokabilè yo.
- Ki kesyon mwen genyen toujou?

Ekstansyon Aktivite Yo:

- Ki pati nan liv la ou pi renmen? Ekri yon paragraph sou li.
- Fè yon desen de bagay ou pi renmen ke ou te aprann nan liv la.

TABLE OF CONTENTS

TAB KONTNI

BASEBALL BEGINNINGS
LÈ BEZBÒL FEK TE KÒMANSE

Baseball was developed from the British bat-and-ball games of rounders, stoolball, and tut-ball. The rules as we know them didn't start to take shape until the 1830s. The first baseball game was played on June 4, 1838, in Ontario, Canada.

Bezbòl te devlope nan jwèt batan- ak- boul Britanik la nan rounders, stoolball, ak tut-boul. Règ yo jan nou konnen yo pa te kòmanse pran fòm jiska ane 1830 yo. Premye ajwèt bezbòl la te jwe 4 Jen 1838, nan Ontario, Kanada.

FUN FACT ENFÒMASYON ENTERESAN

The lowest attendance at a baseball game? The Florida Marlins set the record in 2011 with 347 fans showing up to see them play against the Cincinnati Reds. They blame Hurricane Irene, but the record stands.

Prezans ki pi ba nan yon jwèt bezbòl? Florida Marlins yo etabli rekò an 2011 ak 347 fanatik ki parèt pou wè yo jwe kont La Cincinnati Reds. Yo di se te fòt siklòn Irene, men dosye a kanpe.

AS AMERICAN AS APPLE PIE
LI AMERIKEN TANKOU TAT PÒM

After that Ontario game, Americans took over. Alexander Cartwright created the first rulebook—the Knickerbocker Rules—and baseball became America's game. Since then the game has spread around the world with leagues all through Asia, Europe, and Latin America.

Apre jwèt Ontario sa, Ameriken yo te tou pran li. Alexander Cartwright te kreye premye liv règ la—Règleman Knickerbocker—epi bezbòl te vin jwèt Amerik la. Depi Lè sa, jwèt la te gaye alantou mond lan ak lig atravè Azi, Ewòp, ak Amerik di Sid.

William Rufus Wheaton was the first vice president of the Knickerbocker Base Ball Club.

William Rufus Wheaton te premye vis prezidan de Klub Bezbòl nickerbocker a.

Knickerbocker Base Ball Club in 1847

Klub Bezbòl Knickerbocker an 1847

Knickerbocker Club

Klub Knickerbocker

FUN FACT ENFÒMASYON ENTERESAN

The Knickerbocker Base Ball Club was the first organized baseball club.

Klub Bezbòl Knickerbocker a te premye klub bezbòl ki òganize.

ON THE MOUND
SOU MÒN LAN

Whether he throws a slider, a curve, or just a regular old fastball, the pitcher has to get the ball over the plate AND inside the batter's **strike zone**. If four balls are pitched outside the strike zone, the batter gets a **walk**.

Si li lanse yon boul glisade, yon boule koube, oswa yon boul regilye ki rapid, moun ki lanse boul la gen pou li voye boul la sou plak la AK andedan **zòn grèv** moun ki frape boul la. Si kat boul yo lanse deyò grèv zòn nan, moun ki frape boul la ap **mache**.

A pitcher rubs mud on the baseball to get the proper grip, but not just any mud. Jim Bintliff found the mud and only he knows where to get it.

Moun ki lanse boul la fwote labou sou bezbòl la pou li jwenn priz apwopriye a, men pa sèlman nenpòt labou. Jim Bintliff te jwenn labou a epi li sèlman ki konnen ki kote pou jwenn li.

Pitcher's Mound

Mòn pou moun ki lanse boul yo.

BEHIND THE PLATE

DÈYÈ PLAK LA

The catcher crouches behind home plate and has a great view of the infield. From here he can help the pitcher decide which style of pitch to use and also be on the lookout for runners trying to **steal** a base.

Moun ki trape boul la bese dèyè plat lakay la epi li fè yon bon gade teren bezbòl la. De la li ka ede moun ki lanse boul la deside ki style pou li lanse boul la ak epi tou li dwe veye lot jwè yo ki ap kouri eseye **vòlè** yon baz.

The catcher receiving a pitch.

Moun ki trape boul la resevwa yon boul yo lanse.

The catcher is watching second base. He will throw the ball to stop the other team's player from stealing second base.

Moun ki trape boul la kanpe pou voye yon jwè ki ap kouri nan dezyèm baz la deyò, anvan li vòlè yon baz.

FUN FACT ENFÒMASYON ENTERESAN

The average baseball game uses 60-70 baseballs. In Major League Baseball, a ball's life is about six pitches.

Mwayèn jwèt bezbòl la itilize 60-70 bezbòl. Nan Gwo Lig Bezbòl la, lavi yon boul fini apre sis fwa yo lanse boul la.

ON BASE
SOU BAZ

Each base is guarded by a baseman. Unlike the pitcher and the catcher, a baseman does not have to stay in his position. He runs to the high-action areas when fielding the ball.

Chak baz gen yon jwè ki siveye yo. Kontrèman moun ki lanse boul la ak moun ki trape boul la, lòt jwè yo pa oblije rete nan pozisyon yo a. Li kouri nan zòn ki gen gwo aksyon lè yap voye boul la nan teren an.

A baseman waits for the ball as a runner slides to base.
Yon jwè ap tann boul la pandan lot jwè ki ap kouri a glise sou baz la.

THE SHORTSTOP
SHORTSTOP LA

Standing between second and third bases, the shortstop position fields more balls than any other player on the **diamond**. A good shortstop is quick, agile, and has an accurate throwing arm to get the ball to first base when it's needed.

Kanpe ant dezyèm ak twazyèm baz, pozisyon shortstop la jwe boul la nan teren an plis ke nenpòt lòt jwè sou **dyaman**. Yon bon shortstop rapid, ajil, e li gen yon bra voye egzat pou voye boul la nan premye baz la lè li nesesè.

The shortstop has to also be ready to help the second or third baseman.

Shortstop la dwe prepare pou ede dezyèm ak twazyèm jwè baz yo.

During the 2000 season, Derek Jeter, playing for the New York Yankees, became the only player to win both the All-Star game **MVP** and the World Series MVP in the same year.

Pandan sezon 2000 la, Derek Jeter tap jwe pou ekip New York Yanki, te vin tounen sèl jwè ki genyen tou de **MVP** jwèt All-Star la ak MVP Seri Mondyal la nan menm ane.

OUTFIELD
OUTFIELD LA

Chasing **fly balls** behind the bases, the three **outfielders** have a lot of turf to cover. One of the most exciting plays in baseball? When an outfielder runs to the back wall and jumps up to make a spectacular catch.

Kouri dèyè yon **boul ki ap vole** dèyè baz yo, twa **outfielder yo** gen anpil tèritwa pou kouvri. Youn nan jwe yo ki pi enteresan nan bezbòl? Lè yon outfielder kouri nan miray dèyè a epi li sote pou fè yon trape espektakilè.

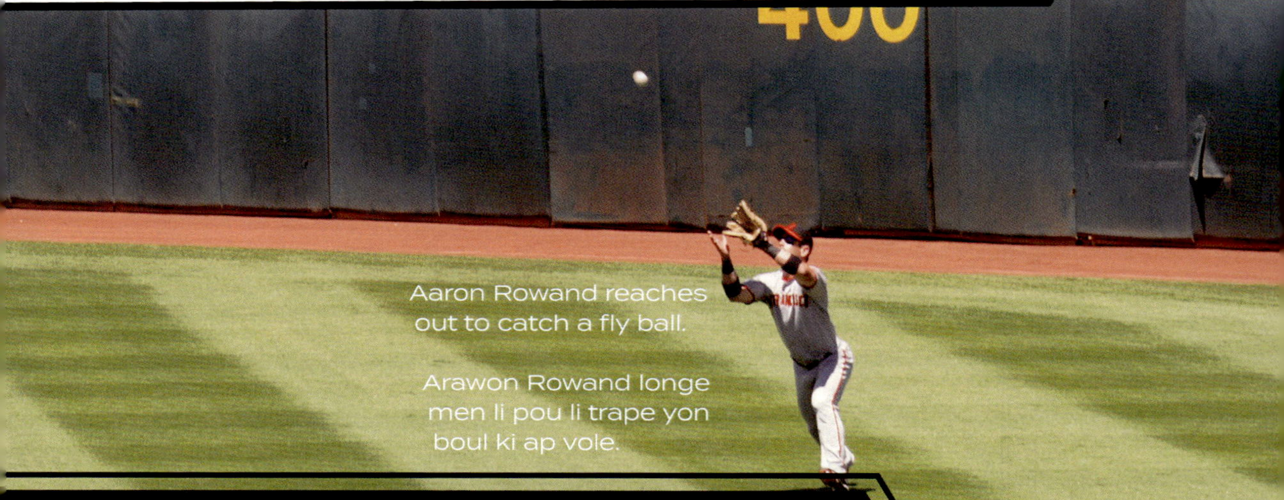

Aaron Rowand reaches out to catch a fly ball.

Arawon Rowand longe men li pou li trape yon boul ki ap vole.

FUN FACT ENFÒMASYON ENTERESAN

The Golden Glove is awarded every year to the best defensive player in each position. Pitcher Greg Maddux has the most with 18.

Gan an lò yo bay chak ane a meyè jwè defansif nan chak pozisyon. Moun ki lanse boul la Greg Maddux gen plis avek 18.

Barry Bonds

Barry Bonds holds the record for the most career home runs with 762.

Barry Bonds kenbe yon dosye pou pi plis kouri lakay karyè avek 762.

SWINGING FOR THE FENCES

WAP SWING POU KLOTI YO

The batter tries to hit the ball over the outfield fence and score a home run, but there are many other types of hits. Grounders, line drives, bunts, and fly balls are all fair hits, as long as the ball doesn't go past the **foul lines**.

Moun ki frape boul la ap eseye frape boul la pase kloti teren an ak fè pwen avek yon kouri lakay, men gen anpil lòt kalite frape. Boul ki woule sou tè a, boul ki woule sou line nan, yon ti frape tou piti, ak boul ki ap vole yo tout frape jis, depi boul la pa **ale pase line fòt la**.

If a batter misses a fair pitch, he gets a strike. Three strikes and he's out.

Si yon moun ki frape boul la manke yon frape jis, li jwenn yon grèv. Twa grèv epi li soti.

Javier Báez, shortstop
for the Chicago Cubs

Javier Báez, shortstop pou
ekip Chicago Cubs.

Mickey Mantle holds the record for the most World Series home runs with 18.

Mickey Mantle kenbe yon dosye pou plis Seri Mondyal kouri lakay avek 18.

UMPIRES
ANPIRE YO

Four umpires are used in an MLB game. Behind the plate, an umpire calls the balls, strikes, and fouls. That umpire is also in charge of calling runners safe at the plate. The base umpires determine whether a runner is safe or out at the bases.

Yo itilize kat anpire nan yon jwèt MLB. Dèyè plak la, yon anpire rele boul yo, grèv, ak faute. Anpire yo tou nan chaj pou regle si moun ki ap kouri yo met rete nan baz yo. Anpire baz yo detèmine si yon moun ki ap kouri met rete nan baz yo oswa soti nan baz yo.

When team managers argue with an umpire's call, things can get very heated and the managers often find themselves ejected from the games. Bobby Cox of the Atlanta Braves was ejected 161 times.

Lè ekip manadjè yo diskite ak sa yon anpire rele, bagay yo ka vin trè chofe epi manadjè yo souvan jwenn yo mete yo deyò jwèt la. Yo te mete Bobby Cox nan ekip Atlanta Braves deyò jwèt la 161 fwa.

19
PUJOLS
5

25

THE WORLD SERIES
SERI MONDYAL LA

An MLB season has 162 games. The season ends with the World Series, a series of seven games between the winners from the NL and the winners from the AL. The first team to win four games gets the Commissioner's Trophy.

Yon sezon MLB gen 162 match. Sezon an fini ak Seri Mondyal la, yon seri de sèt jwèt ant ekip ki ganyan an nan NL la ak ekip ki ganyan an nan AL la. Premye ekip la ki genyen kat jwèt sou sèt pral rekonpanse Twofe Komisyonè a.

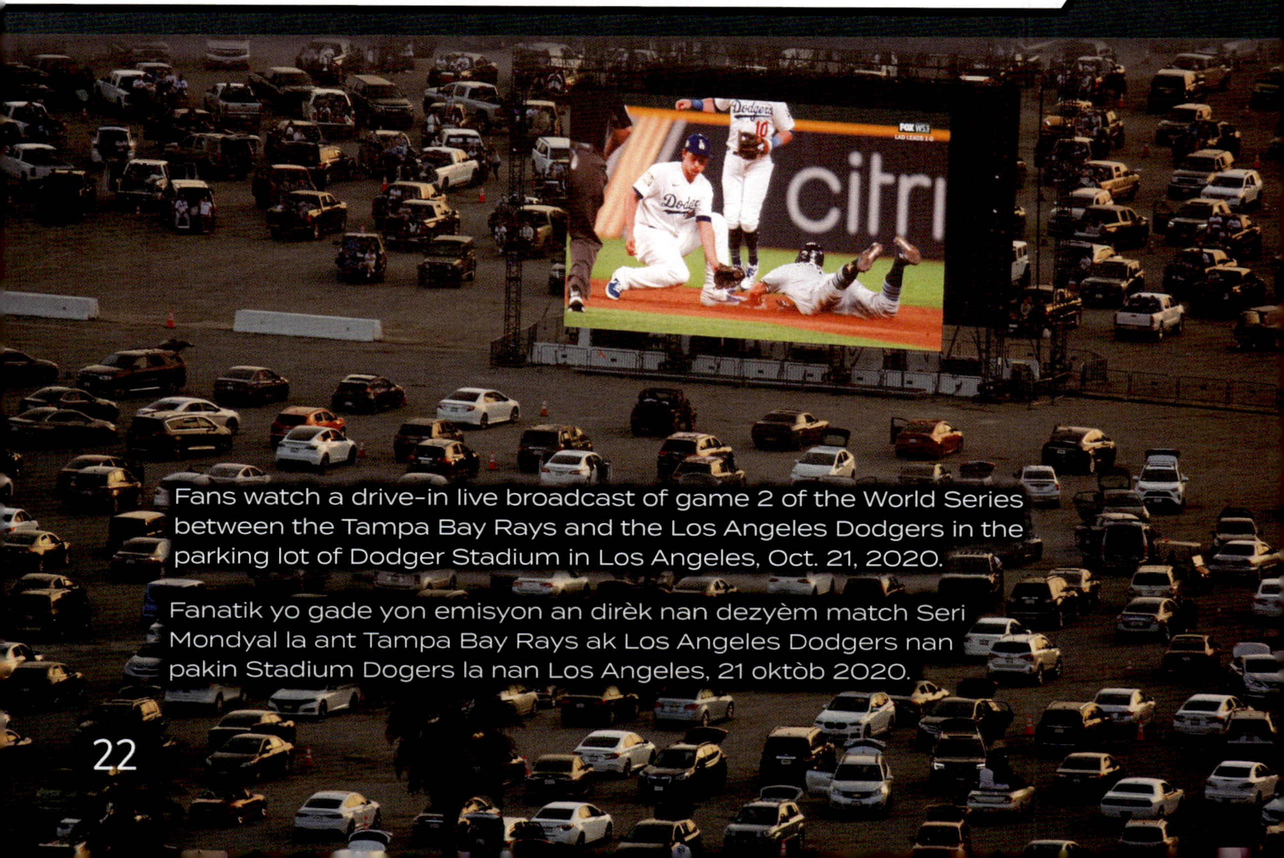

Fans watch a drive-in live broadcast of game 2 of the World Series between the Tampa Bay Rays and the Los Angeles Dodgers in the parking lot of Dodger Stadium in Los Angeles, Oct. 21, 2020.

Fanatik yo gade yon emisyon an dirèk nan dezyèm match Seri Mondyal la ant Tampa Bay Rays ak Los Angeles Dodgers nan pakin Stadium Dogers la nan Los Angeles, 21 oktòb 2020.

The Commissioner's Trophy is presented each year to the MLB team that wins the World Series.

Yo prezante Twofe Komisyonè a chak ane a ekip MLB a ki genyen Seri Mondyal la.

Yogi Berra has 10 World Series rings, the most by an individual player.

Yogi Berra gen 10 bag Seri Mondyal, pi plis pa yon jwè endividyèl.

KEN GRIFFEY, JR.

CAREER **1989-2010**
HARYE **1989-2010**

POSITION
CENTER FIELDER
POZISYON
SANT FIELDER

BATS ***BATON***	**LEFT** **GÒCH**
THROWS ***LANSE***	**LEFT** **GÒCH**
HOME RUNS ***HOURI LAKAY***	**630**
BATTING AVERAGE ***MWAYÈN BATON***	**.284**

JOSÉ BAUTISTA

CAREER **2004-2018**
HARYE **2004-2018**

POSITION
RIGHT FIELDER AND THIRD BASEMAN
POZISYON
FIELDER SOU DWAT LA AK TWAZIYÈM BASEMAN

BATS *BATON*	**RIGHT** **DWAT**
THROWS *LANSE*	**RIGHT** **DWAT**
HOME RUNS *KOURI LAKAY*	**344**
BATTING AVERAGE *MWAYÈN BATON*	**.247**

NOLAN RYAN

CAREER **1966-1993**
HARYE **1966-1993**

POSITION
PITCHER

POZISYON
MOUN KI LANSE BOUL LA

BATS ***BATON***	**RIGHT DWAT**
THROWS ***LANSE***	**RIGHT DWAT**
STRIKEOUTS ***GRÈV YO***	**5,714**
WINS ***GENYEN***	**324**

MIKE TROUT

CAREER **2011–PRESENT**
KARYE **2011–PRESENT**

POSITION
CENTER FIELDER

POZISYON
SANT FIELDER

BATS ***BATON***	**RIGHT** **DWAT**
THROWS ***LANSE***	**RIGHT** **DWAT**
HOME RUNS ***KOURI LAKAY***	**302**
BATTING AVERAGE ***MWAYÈN BATON***	**.304**

THE MLB
MLB A

Reaching the Major League is the dream of every young baseball player. It is the result of years of hard work and dedication. Start practicing now and maybe one day a kid will be reading an MLB book about you!

Pou rive nan Seri Mondyal la se yon rèv pou chak jèn jwè bezbòl. Se rezilta travay di ak dedikasion pou ampil ane. Kòmanse pratike kounya e petèt yon jou yon timoun pral li yon liv MLB sou ou!

FUN FACT **ENFÒMASYON ENTERESAN**

Deion Sanders played professional football AND baseball. He is the only person who has played in both the Super Bowl and the World Series. He's also the only person to hit a home run and score a touchdown in the same week.

Deion Sanders te yon jwè Foutbòl Ameriken pwofesyonèl AK yon jwè bezbòl pwofesyonèl. Li se sèl moun ki te jwe nan tou de Super Bòl la ak Seri Mondyal la. Se li sèl moun ki frape yon kouri lakay ak fè yon touchdown nan menm semèn nan.

Barry Larkin of the Cincinnati Reds

Barry Larkin de Cincinnati Reds yo.

GLOSSARY/GLOSÈ

AL (AY-EL): The American League of Professional Baseball Clubs that makes up half of the MLB

diamond (DYE-muhnd): The playing field used for baseball

fielding (FEEL-ding): Catching or stopping a ball that has been hit

fly balls (FLYE-ballz): Balls that have been hit high into the air

foul lines (FOWL LINEZ): The two lines running from home plate, through first base and third base, to the foul poles

MLB (EM-EL-BEE): Major League Baseball, an organization made up of two professional baseball leagues or groups: the American League (AL) and the National League (NL)

MVP (EM-VEE-PEE): Most Valuable Player

NL (EN-EL): The National League of Professional Baseball Clubs that makes up half of the MLB

outfielders (OUT-feel-derz): The three players that catch or stop the balls hit into the outfield

steal (STEEL): To move to a base without there being a batted ball or a walk

strike zone (STRIKE ZOHN): The area over home plate between the batter's knees and his shoulders

walk (WAWK): When a batter is awarded first base after the pitcher throws four pitches out of the strike zone, none of which are swung at by the hitter

AL: Lig Ameriken pou Klub Bezbòl Pwofesyonèl ki fè mwatye nan MLB a

ale pase line fòt la: De line yo ki kouri soti nan plak kay la, atravè premye baz ak twazyèm baz, nan poto fòt yo

boul ki ap vole: Boul ki te frape byen wo nan lè a

dyaman: Teren jwe yo itilize pou bezbòl

mache: Lè moun ki frape boul la akòde premye baz apre moun ki lanse boul la lanse kat boul ki deyò zòn grèv la, avek san efò sou moun ki ap frape boul la

MLB: Seri Mondyal la, yon òganizasyon fè leve nan de lig bezbòl pwofesyonèl oswa gwoup: Lig Ameriken (AL) ak Lig Nasyonal (NL)

MVP: Jwè ki gen plis valè a

NL: Lig Nasyonal Klub Bezbòl Pwofesyonèl yo ki fè mwatye nan MLB la

outfielder yo: Twa jwè yo ki kenbe oswa sispann boul yo ke yo frape nan teren an

vòlè: Pou deplase nan yon baz san ke gen yon boul ke yo frape oswa yon moun ki mache

zòn grèv: Zòn ki anlè plak kay la ant jenou moun ki frape boul la ak zepòl li

INDEX/ENDÈHS

COOL FACTS:
ENFÒMASYON ENTERESAN:

Cy Young holds the record for most wins by a pitcher with 511, and also the most losses by a pitcher with 316.

Jackie Mitchell, at 17 years old, became the only woman to strike out both Babe Ruth and Lou Gherig.

The rarest pitch in baseball is called the screwball. It's a breaking ball that heads in the opposite direction of the pitcher's normal breaking ball.

Cy Young kenbe dosye pou plis viktwa pa yon moun ki lanse boul la a 511, epi tou li kenbe dosye pou plis pèdi pa yon moun ki lanse boul la a 316.

Jackie Mitchell, a laj de 17 an, te vin sèl fanm pou fè Babe Ruth ak Lou Gherig soti nan jwèt la.

Lanse ki pi rar nan bezbòl la rele boulon. Se yon boul ki kase lè yo lanse li ki ale nan direksyon opoze yo lanse boul la nòmal.

WEBSITES FOR MORE COOL FACTS:
SITWÈB POU PLIS ENFÒMASYON ENTERESAN:

www.sikids.com/baseball

www.mlb.com/fans/kids/activities

https://kidskonnect.com/sports/baseball

ABOUT THE AUTHOR/HIYES OTÈ A YE

B. Keith Davidson

B. Keith Davidson grew up playing with his three brothers and a host of neighborhood children, learning about life through sports and physical activity. He now teaches these games to his three children.

B. Keith Davidson te grandi jwe ak twa frè li yo ak yon pakèt lot timoun nan katye a, li aprann de lavi nan espò ak aktivite fizik. Kounye a li anseye twa timoun li yo jwèt sa yo.

Crabtree Publishing

crabtreebooks.com 800-387-7650

Written by: B. Keith Davidson
Designed by: Jennifer Dydyk
Edited by: Tracy Nelson Maurer
Proofreader: Melissa Boyce
Translated by: Jean-Pierre Gaston

Hardcover	978-1-0398-7031-4
Paperback	978-1-0398-7028-4
Ebook (pdf)	978-1-0398-7034-5
Epub (ebook)	978-1-0398-7037-6

Printed in

Library and Archives Canada Cataloguing in Publication
Available at the Library and Archives Canada

Library of Congress Cataloging-in-Publication Data
Available at the Library of Congress

Published in Canada
Crabtree Publishing
616 Welland Avenue
St. Catharines, Ontario
L2M 5V6

Published in the United States
Crabtree Publishing
347 Fifth Avenue
Suite 1402-145
New York, NY 10016

Photographs/ : COVER: Top photo Shutterstock.com/ Vasyl Shulga, players © KYDPL KYODO/Associated Press, PG 5: ©shutterstock.com/Matt Trommer, PG 6: ©Wheaton_PD, PG 7: ©NYKnickerbockers_PD, PG 8: ©itstock.com/33ft, PG 9: ©Debby Wong / Shutterstock.com (top), ©Mark Herreid / Shutterstock.com, PG 10: ©Arturo Holmes / Shutterstock.com, PG 11: ©Arturo Holmes / Shutterstock.com, PG 12: ©Eric Broder Van Dyke | Dreamstime.com, PG 13: ©Arturo Holmes / Shutterstock.com (inset), ©JASON TENCH / Shutterstock.com (top), PG 14: ©Eric Broder Van Dyke / Shutterstock.com, PG 15: ©Sports Images| Dreamstime.com, PG 16: ©Eric Broder Van Dyke / Shutterstock.com, PG 17: © Sports Images| Dreamstime.com (inset), ©Eric Broder Van Dyke / Shutterstock.com, PG 18: ©Eric Broder Van Dyke| Dreamstime.com, PG 19: ©Keeton Gale / Shutterstock.com (top), ©MantlePortrait_PD, PG 20: ©Demerzel21| Dreamstime.com, PG 21: ©Lawrence Weslowski Jr| Dreamstime.com (inset), © Alexa Sklar| Dreamstime.com, PG 22: ©Ringo Chiu / Shutterstock.com, PG 23: ©Gopheliad| Dreamstime.com, ©Googie man_https://creativecommons.org/licenses/by-sa/3.0/deed.en, PG 24: ©Jerry Coli| Dreamstime.com, PG 25: ©Paul Mckinnon| Dreamstime.com, PG 26: ©Jerry Coli| Dreamstime.com, PG 27: ©Mike Trout © Keith Allison https://creativecommons.org/licenses/by-sa/2.0/deed.en, PG 28: ©DFree / Shutterstock.com, © Sports Images| Dreamstime.com (inset), PG 29: ©Sports Images| Dreamstime.com